VIVIR LIBRE DE ESTRÉS

Swami Dayananda Saraswati
Arsha Vidya

Fundación Arsha Vidya
Buenos Aires, Argentina

Saraswati, Swami Dayananda
    Vivir libre de estrés / Swami Dayananda Saraswati ; editado por Federico Oliveri. - 1a ed . - Buenos Aires : Fundación Arsha Vidya, 2018.
    46 p. ; 21 x 15 cm. - (Momentos con uno mismo ; 2)

    Traducción de: Federico Oliveri.
    ISBN 978-987-29424-6-5

    1. Filosofía Oriental. 2. Hinduísmo. 3. Espiritualidad Oriental. I. Oliveri, Federico, ed. II. Oliveri, Federico, trad. III. Título.
    CDD 180

Información sobre derechos de autor:
Libro original: 'Stress-free living'
Idioma: inglés
© Arsha Vidya Research and Publication Trust, Chennai, India.

Arsha Vidya Research and Publication Trust, Chennai, India es propietario de los derechos de autor de la obra original "Stress-free living" en inglés de Swami Dayananda Saraswati, y ha brindado su permiso para la traducción y publicación de la presente obra.

Publicación en español de la
Fundación Arsha Vidya
J. Salguero 2225, piso 3
1425 Buenos Aires
ARGENTINA
Teléfono: +5411 4826 5767
E-mail: fundacionarshavidya@gmail.com
http://www.fundacionarshavidya.org.ar

1ª edición en español: Abril 2017. Copias: 100

Edición y traducción:
Federico Oliveri, federicooliveri@hotmail.com

ÍNDICE

CLAVE PARA LA TRANSLITERACIÓN Y PRONUNCIACIÓN
DE LAS LETRAS DEL SÁNSCRITO

Como el idioma sánscrito es muy fonético, la exactitud en la articulación de las letras es importante. Para aquellos no familiarizados con los caracteres *devanāgari*, la transliteración internacional es una guía para la pronunciación adecuada de las letras del sánscrito.

अ	*a*	(cas*a*)			ट	*ṭa*	(tar*ṭ*a)	*3
आ	*ā*	(c*a*sa)			ठ	*ṭha*	aspirado	*3
इ	*i*	(pat*i*o)			ड	*ḍa*	(*ḍ*ar)	*3
ई	*ī*	(r*í*o)			ढ	*ḍha*	aspirado	*3
उ	*u*	(s*u*po)			ण	*ṇa*	(ro*ṇ*ronear)	*3
ऊ	*ū*	(men*ú*)			त	*ta*	(cin*t*a)	*4
ऋ	*ṛ*	(cént*r*ico)			थ	*tha*	aspirado	*4
ॠ	*ṝ*	(co*rr*iente)			द	*da*	(an*d*a)	*4
ऌ	*ḷ*	(a*l*rededor)	*		ध	*dha*	aspirado	*4
ए	*e*	(m*e*sa)			न	*na*	(*n*ada)	4
ऐ	*ai*	(c*ai*ga)			प	*pa*	(*p*apa)	5
ओ	*o*	(l*o*bo)			फ	*pha*	aspirado	*5
औ	*au*	(*au*n)			ब	*ba*	(em*b*alar)	5
क	*ka*	(va*c*a)	1		भ	*bha*	aspirado	*5
ख	*kha*	(*k*iosco)	*1		म	*ma*	(*m*amá)	5
ग	*ga*	(tortu*g*a)	1		य	*ya*	(h*i*ato)	
घ	*gha*	aspirado	*1		र	*ra*	(pe*r*a)	
ङ	*ṅa*	(ta*n*go)	1		ल	*la*	(fi*l*a)	
च	*ca*	(fe*c*ha)	2		व	*va*	(*W*alter)	*
छ	*cha*	(*c*hao)	*2		श	*śa*	(¡s*s*hhh!)	*
ज	*ja*	(ad*y*acente)	*2		ष	*ṣa*	(¡s*s*hhh!)	*3
झ	*jha*	aspirado	*2		स	*sa*	(ta*s*a)	
ञ	*ña*	(pi*ñ*a)	2		ह	*ha*	(hi*j*a)	

˙	*ṁ*	*anusvāra*	(nasalización de la vocal anterior)
ः	*ḥ*	*visarga*	(aspiración de la vocal anterior)

* No hay equivalentes exactos en español para estas letras.
Un "aspirado" se pronuncia como la consonante anterior aspirada.
1. Gutural – se pronuncia desde la garganta.
2. Palatal – se pronuncia desde el paladar.
3. Lingual – la lengua se curva hacia el cerebro.
4. Dental – se pronuncia desde los dientes.
5. Labial – se pronuncia desde los labios.

La quinta letra de cada una de las categorías de arriba se llama "nasal" y se pronuncia nasalmente.

Introducción

Cuando uno tiene que interactuar con el mundo todos los días, es de esperar que haya estrés. Sin embargo, si uno puede alcanzar cierta armonía con lo que encuentra, no tendrá estrés emocional. Si a uno le gusta lo que tiene que hacer, el llevarlo a cabo no puede causarle estrés. Aunque si al mismo tiempo uno se siente culpable o se pone triste, entonces sí uno quedará sujeto a estrés. Por ejemplo, a una persona puede gustarle mucho tomar alcohol, pero en nuestra sociedad también hay un estigma asociado a ello. Por lo tanto, la persona que toma alcohol seguramente se sentirá culpable y no tendrá felicidad en su hogar. Le causará estrés.

La interacción de uno con el mundo es inevitable, por lo tanto, el estrés es una consecuencia natural. Uno está obligado a relacionarse con el mundo, porque vivir es relacionarse con el mundo. Si puedo ver la diferencia entre estar vivo y vivir, entonces puedo decir que uno no necesita relacionarse con el mundo para estar vivo. Mientras duerme, uno está vivo, pero no se relaciona con nada. Lo mismo ocurre con quien está en coma. Al soñar, uno se relaciona con los objetos con los que sueña, sin darse cuenta de que no son más que proyecciones de uno mismo.

Me relaciono, y por lo tanto, vivo. Cuando estoy despierto me relaciono con el mundo. Sin embargo, cuando me relaciono, puedo lograr armonía con aquello con lo que me relaciono o puedo ser fuente de falta de armonía. Si el otro es una fuente de falta de armonía, puedo mantenerme a salvo si tengo cierto espacio dentro de mí para conservar esa seguridad. Entonces, para vivir una vida libre de estrés, uno tiene que aprender que tiene la capacidad de vivir en armonía, y uno también necesita tener el suficiente espacio en su interior para protegerse de ser una víctima emocional de las acciones y el comportamiento inquietante de los demás.

Mantener afuera el mundo exterior

El problema principal es que es muy difícil mantener afuera el mundo exterior. Si puedo mantener afuera las cosas externas, entonces puedo relacionarme con ellas, responderles de manera objetiva y desapasionada. Sin embargo, la mayoría de las veces permito que me afecten: internalizo las situaciones. Hay tres personas: Kumar, Mehta y Subbu. Si llamo a Kumar, Kumar responde. Si llamo a Mehta, él responde. Si llamo a Subbu, él también responde. Si digo "tonto", los tres responden simultáneamente. ¿Por qué? Solo les estoy dando un ejemplo para demostrar que hemos internalizado mucho, y creemos en lo que hemos internalizado. Bhagavān Kṛṣṇa declaró, de manera muy oportuna, al final del quinto capítulo de la *Bhagavad Gītā*: *sparśān kṛtvā bahir bāhyān*. Es una declaración muy interesante que antecede su declaración sobre meditación del capítulo siguiente, el sexto. Dice que, antes de intentar la meditación, uno primero tiene que ser meditador. Ahora usamos la meditación para relajarnos, pero la verdad es que quien debe meditar es quien ya está relajado. Algo bueno de nosotros es que tenemos nuestras propias definiciones de meditación y, por lo tanto, ¡todos podemos aprobar!

DEFINICIÓN CLÁSICA DE MEDITACIÓN

La definición clásica de meditación es *saguṇa-brahma-viṣaya-mānasa-vyāpāraḥ*. La meditación tiene que ser una actividad mental deliberada relacionada con Īśvara, *saguṇaṁ brahma*. Cualquier otra acción es solo una preparación para la meditación. Con estas palabras, el Señor indica un paso preparatorio: *bāhyān sparśān bahiḥ kṛtvā. Spṛśyante iti sparśāḥ*, esas personas y objetos con los que estás íntimamente conectado son *sparśa*. Por lo tanto, todos los *sparśas* son *bāhya*, externos. El Señor Kṛṣṇa dice que para estar apto para la meditación es imprescindible mantener externas todas las situaciones, personas y objetos. Los mantienes externos. La pregunta natural es: ¿cómo puedo mantenerlos externos si ya lo son? No se puede externalizar algo que ya es externo. Pero aquí la *Gītā* definitivamente tiene algo que decir, porque a pesar de que las personas y los objetos son externos a nuestros sentidos, algunos de ellos pueden convertirse en causas de preocupación, frustración, etcétera, haciéndose presentes en nuestras mentes; también están adentro.

Puedes comenzar el día con esta práctica: "Visualizo una cadena de montañas, un cielo azul, el océano y cosas así, cosas a las que no les hago ningún cuestionamiento, estoy en armonía con ellas tal como son. No tengo ninguna intención para con las montañas. No tengo ninguna intención para con el cielo azul, ni tengo ninguna intención para con los árboles o las aves. No tengo ninguna intención, en absoluto, para todas estas situaciones y objetos naturales".

UN CAMBIO COGNITIVO CON RESPECTO A LA GENTE LO VUELVE A UNO UNA PERSONA QUE NO EXIGE

Con respecto a la gente, en general, tal vez uno puede llegar a ser una persona que no exige. Sin embargo, cuando uno observa a las personas significativas en su vida, con quienes uno está íntimamente conectado, como nuestro padre, madre, hermanos, cónyuge, hijos, etcétera, uno no puede tomarlos con la objetividad con la que sí se puede tomar a la gente en general que son desconocidas para uno, libre de prejuicios en términos de color, raza o religión.

Estas personas importantes son las que cuentan en mi vida, son quienes no puedo tomar tal como son. Deseo que sean diferentes. Por ejemplo, puedo desear que mis padres sean diferentes en cuanto a su actitud, en sus patrones de comportamiento o en su salud. De niño, uno se sintió descuidado. Hay dolor, tristeza e ira. Estas emociones permanecen en la persona mientras no sean procesadas. De este modo, tengo intenciones para todos los que están relacionados conmigo.

Toda persona casada quiere que su cónyuge sea un poco diferente. Mientras la tarea de cambiarse el uno al otro esté incompleta, ¡el matrimonio durará! Treinta y siete años han pasado y todavía están tratando de cambiarse el uno al otro. Significa que el matrimonio aún no ha comenzado. Es muy típico de las parejas casadas. La verdad, sin embargo, es que nadie puede cambiar a otra persona. El Señor Kṛṣṇa intentó cambiar a Duryodhana y el resultado fue la guerra; Kṛṣṇa no pudo cambiarlo.

Todo lo que puedo hacer es el intento de ayudar a otro a cambiar. Si puedo producir un cambio cognitivo en la otra persona, el cambio en su estilo de vida se vuelve más fácil.

También puedo tener intenciones con los políticos, economistas y muchos otros. En consecuencia, estas personas ya no están afuera, sino que están dentro de mí. Los deseos insatisfechos, las exigencias, las expectativas, me dejan con una impotencia que se vuelve frustración. Esto se convierte en una fuente permanente de estrés.

Descubrir cierto espacio en mi interior

En verdad, no hay estrés: solo hay una persona con estrés. El estrés existe solo para una estructura, un edificio. Un puente tiene estrés. Este cuerpo tiene estrés. Pero no estoy discutiendo eso, estoy hablando de la persona estresada, la persona que se somete a sí misma al estrés. La persona estresada es la que está frustrada, la que no puede vivir en armonía con su propio mundo. Como no puedo alejarme del mundo, no puedo dejar de relacionarme con el mundo. Si relacionarme con el mundo me trae estrés, no tengo forma de evitar este estrés. Por supuesto, puedo reducir ciertas relaciones, pero reducirlas también me causaría estrés. Tengo que relacionarme. Por lo tanto, hay una salida, que es descubrir cierto espacio dentro de mí mientras me relaciono.

Soy diferente de todos los roles que interpreto

Uno debe relacionarse con diferentes personas: padre, madre, hijo, hija, cónyuge, etcétera Uno tiene que relacionarse con ellos. Uno es hijo o hija de su padre y también hijo o hija de su madre, pero hay una pequeña diferencia: el hijo del padre es diferente del hijo de la madre. Al relacionarnos con diferentes personas, tenemos que desempeñar diferentes roles. Uno desempeña el rol de esposo o esposa, de padre o madre, tío, primo, hermano, hermana, empleador, empleado y ciudadano. Uso la palabra "rol" porque es una misma persona la que es padre e hijo, madre e hija. Si soy tanto hija como madre, significa que soy hija con respecto a mis padres y madre con respecto a mi hijo. Por lo tanto, yo soy el que es todos estos roles. Si eso es así, entonces definitivamente debo ser diferente de todos ellos. Desde el momento en que soy diferente de los roles, puedo asumir el estado de cualquiera de ellos. El asumir un estado determinado es lo que podemos llamar un rol.

EL EJEMPLO DE UN ACTOR Y EL ROL

Observemos el ejemplo de un actor A que interpreta el rol de un mendigo B. Este actor desempeña el rol de mendigo tan bien, que ningún mendigo de la vida real puede suplicar tan bien como lo hace el actor; el actor ha estudiado y recogido los mejores matices de la mendicidad. Después de todo, ¡el mendigo de la vida real no tiene música de fondo! Por lo tanto, sobre el escenario, el actor es el mejor mendigo. Al mismo tiempo, hay un espacio dentro de la persona. Es el espacio del que estoy hablando. Es un espacio sagrado, un espacio que hace que todo el rol sea dramático y disfrutable, no solo para el actor, sino también para los demás. Es el espacio de conocimiento que se produce por la conciencia de que el rol es yo, pero yo no soy el rol. Cuando el mendigo sube al escenario, el actor debe estar allí. Cuando el mendigo habla, el actor habla; toda la anatomía del mendigo es la del actor. En otras palabras, B es A; aquí no hay concesiones. B es A, pero, al mismo tiempo, A no se ve afectado por B. De buena gana asumió el rol de un mendigo con el conocimiento de que iba a ser un mendigo. De hecho, aceptó el rol con el conocimiento de que sería más rico por el hecho de ser un mendigo durante una o dos horas.

¿Qué significa esto? Significa que hay identidad de uno mismo: B es A, pero A no es B. Es algo completamente diferente. Entre B y A no hay distancia física, espacial o temporal, por lo tanto, la única distancia es la conciencia del rol. A no está separado de B. A no se ve afectado por el destino miserable y trágico del mendigo. De acuerdo con el guión de la obra, el mendigo sufre muchos abusos, pero el señor A los sufre sin ser afectado de ninguna manera. Además, de acuerdo con el guión, tiene que sacar lágrimas de sus ojos, y muchas lágrimas caen por sus mejillas. Se felicita a sí mismo: "Estoy llorando tan bien". No solo se sintió bien, sino que también un amigo, que estaba entre el público, va al camarín y felicita a su actor-amigo diciéndole: "Oye, lloraste tan bien, ¡qué maravilla! ¿Cómo lo hiciste?". De este modo, es felicitado por llorar. No solo el actor sabe que A está libre de B, aunque B no está libre de A, sino que su amigo también lo sabe. El espacio entre A y B es un espacio permanente. En la vida real ocurre del mismo modo.

LA PERSONA CONSCIENTE SIMPLE ELEMENTAL "YO" ES LIBRE

Una persona es proclive a sus atracciones y aversiones, es ignorante o conocedora. Cuando uno dice que es ignorante, significa que tiene conocimiento. ¿Por qué? Porque uno tiene el conocimiento necesario como para decir: "Soy ignorante". Uno es ignorante con respecto a lo que no sabe y conocedor con respecto a lo que sabe. Por lo tanto, uno no es conocedor ni ignorante. Decir esto es un punto de vista, pero un punto de vista no es la visión completa. Por lo tanto, es muy evidente que uno es ignorante o conocedor con respecto a lo que uno sabe o no sabe. Del mismo modo, soy alguien que es atraído con respecto a lo que me atrae, y soy alguien que tiene aversión con respecto a lo que no me gusta. Significa que no soy ni una cosa ni la otra.

CADA ROL ESTÁ LLENO DE DESAFÍOS

Todos los días llevo tantos sombreros, desempeño tantos roles, pero la persona básica soy yo. Desempeñar roles puede ser muy agotador y estresante si no hay espacio mientras se desempeña el rol, ya que ningún rol está libre de dificultades u obstáculos, ya sea en la vida real o sobre el escenario.

Cada rol, ya sea el rol de padre, madre, hijo, hija, etcétera, va a tener problemas. El rol de madre va a contar con algunos desafíos, especialmente en estos días, cuando las madres trabajan y envían sus hijos al jardín de infantes. Como madre, tienes desafíos. De hecho, cada rol tiene desafíos. Todos estos desafíos se convierten en frustraciones si no son satisfechos y, por lo tanto, llevan al estrés.

Por eso digo que hay una persona básica que eres tú, un ser consciente, una persona relajada. Observar este hecho no requiere tiempo: requiere atención. Se necesita perspicacia.

Esto es lo que eres: la persona básica, un ser consciente. La persona básica no es la persona que ejerce su voluntad. Con los ojos abiertos eres una persona que ve, con los oídos abiertos eres una persona que oye; en otras palabras, eres una simple persona consciente. Esta es la persona consciente que se convierte en uno que piensa, uno que ve, uno que oye, uno que tiene atracción, uno que tiene aversión, un caminante, un hablador, un padre, una madre, etcétera. Uno puede desempeñar cualquier cantidad de roles, siguiendo al pie de la letra sus guiones respectivos, si a uno le importa saber y prestar atención al hecho de que "soy una simple persona consciente".

No puede haber polémica con respecto a que uno es una simple persona consciente y que esa persona es libre. La persona no es el rol, pero el rol es la persona. Cuando uno no ve esto, hay confusión ya que tanto el rol como la persona están mezclados en uno solo. Además, dado que el rol está lleno de desafíos, uno no puede evitar el estrés. B es A, A no es B y A es yo.

DARLES LIBERTAD A LOS OTROS PARA QUE SEAN LO QUE SON

Puedes evitar el estrés manteniendo a todas las personas en el exterior, otorgándoles la libertad para que sean lo que son. Que el padre sea el padre en tu bondad y amor. Concede a la persona la libertad de ser lo que es. Cada persona puede ser lo que sea esa persona porque cada persona tiene sus antecedentes — un antecedente familiar, un entorno social, un entorno cultural, etcétera— que explica el comportamiento de la persona. Por desconcertante o por impropio que pueda ser de parte de la persona, todavía está en los antecedentes de la persona que necesita ayuda.

SER COMPRENSIVO TE MANTIENE ALEJADO DEL ESTRÉS

Puedes ser muy comprensivo, pero eso no significa que tengas que dejarte pisotear por otros. Traza una línea entre tú y la persona con la que necesitas tratar. Tienes un umbral de tolerancia. En términos de dar, en términos de tiempo, en términos de todo, tienes un umbral. Dibuja una línea y opera dentro de la línea. No permitas que ni tú ni la otra persona crucen esta línea. Siempre puedes decirle a la otra persona que lamentas no estar tan capacitado como desearías para manejar esto. Puedes señalarlo amablemente, sin invocar el mecanismo de defensa en el otro.

Tienes que aprender a mantenerte alejado del estrés. De hecho, tienes que vivir una vida alerta.

Debes dar libertad a todos los que estén íntimamente relacionados contigo. Encuentra en ti mismo el espacio suficiente para tener compasión. Hay amor. Si están allí, verás que no hay lugar para el estrés. Estoy hablando de estrés emocional. El estrés físico es inevitable. El problema con el que queremos tratar aquí es el estrés emocional. Al tratar el estrés emocional, tal vez también podamos reducir el otro estrés.

RELACIONARSE ES AGRADABLE CUANDO LES DAS A LOS DEMÁS LA LIBERTAD PARA QUE SEAN LO QUE SON

Debes dar libertad a las personas para que sean lo que son. Es más: en una relación, eres libre según la libertad que le das al otro. Piénsalo. Mientras más libertad le des al otro, más libre te sentirás en la relación. No necesitas libertarte de la relación. Si necesitas liberarte de una relación, te relacionarás con otro, y nuevamente necesitarás liberarte de esa relación, porque hay un problema básico.

De todos modos, necesitas relacionarte, ya que relacionarse es vivir. Necesitas libertad en la relación y esa libertad está siempre en el horizonte. Nunca es tuya hasta que aprendes a darle al otro la libertad para que sea lo que es. Si le concedes esta libertad, quizás puedas ayudar a la persona a cambiar ya que no habrá tensión. Si deseas cambiar al otro sin entender a la persona, los intentos se interpretarán como ataques.

Solo se disfruta el relacionarse con una persona cuando le das libertad para que sea como él o ella es, siempre y cuando no cruce el *lakṣmaṇa-rekhā*, la línea divisoria que has trazado. Tienes que salvaguardar eso. No tienes ninguna razón para liberarte de una relación si puedes encontrar la libertad en la relación. Es importante comprender el consejo de la *Gītā*[*]: "mantener afuera los objetos externos".

Mantener afuera las cosas externas. Supongamos que compras un boleto para viajar, para estar lejos de la gente, ¿sabes que hay muchos polizones que viajan contigo? Son las mismas personas de las que quieres alejarte. El hecho de que te molesten viaja contigo. Junto con el hecho, los componentes del hecho también viajan contigo. ¡Están en tu mente, viajando contigo sin boleto!

---

[*] *sparśān kṛtvā bahir bāhyān…* (*Bhagavadgītā* 5.27)

La vida es una serie de decisiones

Como individuo, tengo que tomar decisiones. Encuentro que lo más difícil de hacer en la vida es tomar decisiones, a veces, decisiones dolorosas. Eres tus decisiones.

El *gāyatri-mantra*, en el que se inicia a un niño de ocho años, contiene esta excelente plegaria. Inicialmente sirve como plegaria, a pesar de que hay mucho que comprender en el *mantra*. El *mantra* dice *yaḥ bargaḥ naḥ (asmākaṁ) dhiyaḥ (buddhayaḥ) pracodayāt (pracodanaṁ kuryāt)*. Que el Señor que mora en mi corazón, que es todo conocimiento, libre de ignorancia, como el sol que está libre de oscuridad, ilumine mi mente a las formas de pensar que me harán decidir correctamente. Que él establezca nuestras mentes en el modo correcto de pensamiento que lleva a decisiones claras.

Tu vida es tus decisiones, una serie de decisiones que te han convertido en lo que eres hoy. No siempre es posible estar en el lugar correcto en el momento correcto. Por lo tanto, la plegaria es: "Que yo decida correctamente para estar en el lugar correcto en el momento correcto". Realmente, esta es la plegaria breve más completa.

La procrastinación es una fuente de estrés

Tienes que tomar decisiones sin procrastinación. Puedes posponer, pero la procrastinación es un hábito que causa estrés. Está bien si decides posponer una decisión. Ahora estás enojado y tienes que tomar una decisión. Decides no decidir. Esta es una decisión prudente. Enfadado, incluso aunque decidas, no lleves a cabo esa decisión. Mantenla pendiente. Escribe una carta, pero no la envíes. Cuando estés tranquilo, vuelve a escribirla. Quizás escribir enojado sea bueno, pero actuar llevado por tal enojo ciertamente no lo es. Comprende: no envíes esa carta.

La postergación deliberada no es causa de estrés, pero la procrastinación, sí. Sigues postergando: "Lo haré mañana. Lo haré mañana". Los papeles se siguen acumulando sobre el escritorio. Luego van al cajón. ¡Por eso tienes cajones en el escritorio! Cuando los papeles están sobre el escritorio, verlos te hace sentir culpable. Por lo tanto, los metes dentro de los cajones para que el escritorio siempre esté limpio. Pero no puedes ocultar el conocimiento de que hay papeles para ordenar; siempre están en tu mente, causando estrés. Por lo tanto, la procrastinación no ayuda.

En la toma de decisiones, primero haz lo más doloroso. Puedes hacer las cosas más agradables luego. Alguien me dijo: "Swamiji, escucho tus disertaciones sobre la procrastinación. Son maravillosas; voy a seguirlas a partir de la próxima semana" (*risas*). Este es un procrastinador típico. Uno perderá relaciones, amistades; quizás hasta perderá su trabajo. La procrastinación es la peor causa de estrés.

Manejar situaciones de impotencia

Tenemos que actuar en una situación frente a la que estamos impotentes. En el mundo actual de Internet y correo electrónico, ocurre con más frecuencia que antes que somos llevados a situaciones en las que estamos impotentes. Queremos que los políticos estén más allá de la corrupción, ¡pero escuché que algunas personas inteligentes creen que esto no es más un problema! Estas personas no tienen vergüenza. La corrupción es un problema. Es el único problema. Todos los otros problemas surgen de esto. Si se resuelve este problema, podemos abordar todos los problemas mediante una planificación. De lo contrario, todos los planes se descarrilan. Que los líderes de nuestro país sean corruptos nos deja impotentes. El estrés sigue. Los periódicos, con letras enormes, todos los días nos sorprenden con noticias, haciéndonos sentir impotentes. Estrés. De este modo, hay muchas situaciones de impotencia: económicas, familiares, domésticas, etcétera

El estrés desaparece cuando actúas frente a una situación de impotencia

Si permaneces en un estado de impotencia, habrá estrés. Cuando actúas en consecuencia, la impotencia desaparece. Es por eso que en los periódicos existen las cartas de lectores. Escribes una carta al periódico y sientes que has hecho algo. Es una acción de liberación de estrés (*risas*). Otra cosa que puedes hacer: escribir lo que quieras en Internet. Al menos, aquellos que quieran leerlo, lo leerán (*risas*). Una tercera opción es que puedes orar. Ora por la persona que dice "la corrupción no es un problema". Ora por esa persona. Entonces, no estarás impotente porque habrás actuado, buscando ayuda. La oración es una acción.

Cómo manejar una pelea

Las personas tienen diferentes percepciones de un mismo hecho. Algunas veces, estas percepciones se vuelven las causas de una pelea. Es inevitable que las atracciones y las aversiones sean diferentes, porque dos mentes nunca piensan igual. Influyen en nuestras percepciones de cualquier situación específica. De acuerdo a nuestra percepción, nos manejamos con objetividad cuando no somos influenciados por nuestras atracciones y aversiones, y somos subjetivos al ser influenciados por ellas. Sin embargo, la persona que es subjetiva es totalmente inconsciente de su propia subjetividad. En un diálogo, este tipo de choque en las percepciones lleva a una pelea acalorada.

En una pelea, es fundamental saber si el tema de discusión es relativo. Por ejemplo, uno puede argumentar si un partido político u otro son buenos. En este tema, uno puede estar a favor de uno u otro, y el que argumenta con tacto siempre dejará al otro sin palabras; ¡no hay victoria!

Sin embargo, una discusión es diferente. En una discusión no hay un ganador final, porque una discusión hará que se revelen los hechos. Discutir es útil y también es saludable. Además, a través de una discusión es probable que uno mire la situación de manera diferente y, por lo tanto, pueda tener una mejor objetividad.

En una pelea, uno está obsesionado con su propia posición e ideas sobre un hecho particular, mientras que en una discusión uno puede ver adecuadamente el otro lado. En una discusión nadie gana, solo hay comprensión.

En sánscrito, una pelea se llama *jalpa*, donde la intención solo es ganar y nunca aceptar la derrota. Es por eso que las peleas nunca son saludables, mientras que las discusiones sí lo son. Una pelea puede crear problemas, como cuando pierdes los estribos y dices cosas que no quieres. Cuando en una pelea te encuentras arrinconado, lo más fácil es enojarse y ponerse a la defensiva. Como dicen, "la mejor defensa es un buen ataque". Incluso antes de comenzar una pelea, lanzas un ataque ofensivo contra la otra persona, una especie de ataque preventivo. Golpeas al tipo antes de que te golpee porque, si él te golpea primero, puede ser que cuando llegue tu turno de golpearlo, él ya se haya ido. En consecuencia, puedes adoptar la misma política en una pelea en la que no hay una discusión real.

No siempre es posible evitar una pelea. Por ejemplo, en un terremoto, si los temblores no son pequeños, habrá una gran erupción. Por lo tanto, solo para evitar grandes estallidos, las peleas pequeñas son mejores; te ayudarán, al menos, a aliviar la tensión. Pero, si evitas estas pequeñas peleas, finalmente explotarán. Cuando te enfrentas a una pelea y aunque elijas no pelear, la ira quedará reprimida por dentro. Tarde o temprano esta ira reprimida explotará. La explosión puede surgir por un tema muy insignificante, como "la comida no tiene sal". Las explosiones que seguirán no son causadas por la falta de sal, eso fue solo un desencadenante para que las emociones broten.

El vedanta no recomienda evitar una pelea. De hecho, la misma enseñanza del vedanta se lleva a cabo a través de discusiones. Un estudiante plantea una objeción o la plantea el propio *śāstra*, y es aclarada mediante una explicación. Es una excelente manera de analizar y comprender la verdad de un tema. Este proceso de plantear una objeción y obtener una aclaración es posible solo en una discusión, donde te aseguras que todos los problemas sean resueltos.

LAS PELEAS SON INTRÍNSECAS A LAS EMOCIONES NEGATIVAS

Observemos otro punto que trata con las situaciones emocionales. La mayoría de las peleas involucran situaciones emocionales intensas que conducen a un ataque personal y pierden de vista el problema que debe resolverse.

Cuando uno no puede evitar una pelea debido a diferencias en las atracciones y aversiones, uno se está preparando para una situación en la que nadie gana. Tomemos, por ejemplo, una pareja que va de compras. A uno no le gusta lo que el otro quiere comprar. Pronto se vuelve muy personal. "Siempre haces lo mismo", dice uno; "No solo tú, tu madre también tiene la misma costumbre", continúa. De este modo, comienza una pelea sobre una elección trivial acerca de un tono de color que ya no es la cuestión que se está discutiendo.

Hay ciertas realidades que debemos comprender y que no están sujetas a opciones. Para todos, uno más uno es dos. Las atracciones y aversiones no juegan ningún rol en el conocimiento. Comprender nuestras emociones también requiere objetividad.

La gente tiene diferentes antecedentes. Los antecedentes incluyen a nuestros padres, las circunstancias económicas, políticas y sociales, la religión y la cultura. Estos antecedentes dan forma a la personalidad básica que puede tener muchos problemas que procesar. No es suficiente que aceptes tus antecedentes, también debes aceptar los antecedentes de los demás. Esta aceptación te hace objetivo a pesar de tus antecedentes. En otras palabras, para ser objetivo en tu percepción, necesitas aceptar lo que eres, aceptar tu propia subjetividad. Eso también te ayudará a aceptar la subjetividad de los demás. Hay empatía, comprensión y diálogo saludable.

En un diálogo saludable puedes decir lo que sientes, pero con un reconocimiento honesto de que puedes estar equivocado: "Así es como lo veo, puedo estar equivocado". Cuando digas esta frase, por favor sé sincero y verás que funciona. ¡Te ayudará a evitar una pelea!

Comprender qué es Lakṣmī

Por favor, comprende que Lakṣmī no es solo dinero. Perderás tu felicidad doméstica, Gṛhalakṣmī, si piensas que Lakṣmī es solo dinero, Dhanalakṣmī. En Chennai, en la playa, hay un templo dedicado a diferentes formas de Lakṣmī.

Un buen hogar te da felicidad doméstica. Para hacer un hogar, cuando estés en casa debes estar accesible. Tienes que ser una persona bienvenida en tu casa. ¡Que tu familia no se prepare para tu llegada ajustando sus cinturones de seguridad! No debes ser visto como una fuente de terror. Deja que te den la bienvenida con entusiasmo. Para eso tienes que pasar tiempo con tus hijos porque hay Santānalakṣmī, riqueza de niños. Haz feliz a tu cónyuge porque él o ella son Varalakṣmī, la riqueza de la felicidad matrimonial.

Confía en la bondad de las personas, en las leyes que gobiernan, en su legitimidad, en su corrección, etcétera, y estas te darán Dhairayalakṣmī, riqueza de coraje.

No es posible satisfacer todos tus deseos. Pero si puedes manejarlos, entonces también habrá Jayalakṣmī en tu vida, riqueza de la capacidad de administrar. Ahora, tu vida está libre de estrés porque has hecho todo para evitarlo. Todas las formas de Lakṣmī están presentes, la vida está llena de significado y acción.

Meditación guiada

El libre albedrío humano encuentra su expresión total en las oraciones voluntarias. En los momentos de oración, uno está plenamente consigo mismo. Esto es una bendición.

El pasado parece tener un fuerte control sobre cada uno de nosotros. Dejar ir el pasado no está al alcance de nuestra voluntad. Si uno puede tener cierto grado de conciencia de este problema, puede descubrir la esperanza y la solución en una oración bien dirigida o en una meditación guiada.

La meditación es un acto que invoca la gracia, así como también una simple autosugestión. Mientras me siento en meditación, relajado, ofrezco una oración al Señor a quien invoco en cualquier forma dada, con cualquier nombre.

Estas pocas páginas te presentan algunas de las meditaciones o plegarias que dirigí para mis discípulos en el *gurukula*. Cuando las leas, contempla las palabras y observa su significado.

Yo rezo mentalmente:

    Oh Señor, no puedo cambiar mi niñez...

mi origen,

    todo mi pasado...

Lo que ha sucedido en mi vida,

    no lo puedo cambiar...

Lo que ha sucedido

    ha sucedido...

No puedo hacer nada al respecto...

Por lo que ha sucedido,

    no estoy triste ni enojado...

Acepto con dignidad

    lo que sea que haya pasado en mi vida...

Hay muchas cosas

    que puedo cambiar...

que puedo reparar...

Busco la fuerza de la voluntad

    y la habilidad

de hacer los esfuerzos adecuados...

para cambiar...

No pierdo el tiempo

tratando de cambiar

lo que no puedo cambiar...

Tampoco quiero perder mi tiempo

aguantando situaciones insalubres

que puedo cambiar...

La diferencia entre los dos...

lo que puedo

y no puedo cambiar

no es fácil de distinguir...

Se necesita sabiduría,

por lo que nuevamente invoco tu gracia...

Oh Señor,

que tenga la madurez

para aceptar con delicadeza

lo que no puedo cambiar...

La voluntad y el esfuerzo...

de cambiar

lo que puedo...

Y la sabiduría

    para conocer la diferencia...

Solo estoy despierto

    vivo a lo que sucede

en este momento...

Suelto

    mi voluntad...

mi elección...

Solo estoy despierto

    al momento...

Momento a momento...

Ser consciente del momento

no fluctúa...

Ser consciente

    del momento

es un respetuoso

permanente hecho omnipresente...

Ser consciente

no es a tropezones.

Es una presencia...

una presencia que siempre está presente.

Oṁ tat sat.

LIBROS POR
SWAMI DAYANANDA SARASWATI
EN ESPAÑOL

1. Todo sobre *sādhana*
2. El valor de los valores
3. *Tattvabodhaḥ* El conocimiento de la realidad

Colección "Momentos con uno mismo"
4. Acción y reacción
5. Libertad del desamparo
6. Vivir libre de estrés
7. *Om Namo Bhagavate Vāsudevāya*

Ensayos
8. *Dānam,* dar para crecer

Libros por
Swami Dayananda Saraswati
en español
Distribuidos en América Latina, España y
globalmente por

Fundación Arsha Vidya
Buenos Aires, Argentina
Tel: (005411) 4826-5767
fundacionarshavidya@gmail.com
www.arshavidya.org.ar

También disponibles en:

ARGENTINA
Librería Deva's
Corrientes 1752 C.A.B.A.
Tel: 5237-0916/17
y sucursales en todo el país

Sabores y secretos de la India
Ciudad de la Paz 1739 C.A.B.A.
Tel: 4783-3424

EN EL EXTERIOR
Amazon
https://www.amazon.com
Tipear "Dayananda español" en el buscador.

Libros por
Swami Dayananda Saraswati
en inglés

Public Talk Series:
1. Living Intelligently
2. Successful Living
3. Need for Cognitive Change
4. Discovering Love
5. The Value of Values
6. Vedic View and Way of Life
7. Sādhana and Sādhya

Upaniṣad Series:
8. Muṇḍakopaniṣad
9. Kenopaniṣad

Prakaraṇa Series:
10. Tattvabodhaḥ

Text Translation Series:
11. Śrīmad Bhagavad Gītā
(Text with roman transliteration and English
   translation)
12. Śrī Rudram
(Text in Sanskrit with transliteration, word-to-
   word and verse meaning along with an elaborate
   commentary in English)

Books by Swami Dayananda Saraswati
in English
Distributed in India & worldwide by
Motilal Banarsidass - New Delhi
Tel: 011 - 2385 8335 / 2385 1985 / 2385 2747

Also available at:
ARSHA VIDYA RESEARCH AND PUBLICATION TRUST
32/4 Sir Desika Road
Mylapore Chennai 600 004
Telefax: 044 - 2499 7131
Email: avrandpc@gmail.com
Website: www.avrpt.com

ARSHA VIDYA GURUKULAM
Anaikatti P.O.
Coimbatore 641 108
Ph: 0422 - 2657001
Fax: 0422 - 2657002
Email: office@arshavidya.in
Website: www.arshavidya.in

ARSHA VIDYA GURUKULAM
P.O.Box 1059. Pennsylvania
PA 18353, USA.
Ph: 001-570-992-2339
Email: avp@epix.net
Website: www.arshavidya.org

SWAMI DAYANANDA ASHRAM
Purani Jhadi, P.B. No. 30
Rishikesh, Uttaranchal 249 201
Telefax: 0135-2430769
Email: ashrambookstore@yahoo.com
Website: www.dayananda.org

AND IN ALL THE LEADING
BOOK STORES, INDIA